WOLF-RÜDIGER MARUNDE
MARUNDES LANDLEBEN

ZINNOBER VERLAG

CIP-Kurztitelaufnahme der Deutschen Bibliothek

Marunde, Wolf-Rüdiger:
[Landleben]
Marundes Landleben/
Wolf-Rüdiger Marunde.-
Hamburg: Zinnober Verlag, 1988.
ISBN 3-89315-010-2

Copyright © 1988 Zinnober Verlag, Hamburg
Fotos: Wolf-Rüdiger Marunde
Lektorat: Werner Heine
Programmbeirat: Volker Kühn
Gesamtgestaltung: Buchholz/Hinsch/Hensinger
Satzherstellung: Typo Bach, Hamburg
Lithographische Arbeiten: Nelles & Co, Hamburg
Druck- und Bindearbeiten:
Mainpresse Richter Druck, Würzburg
Printed in Germany

Nachwort für den ländlich interessierten Leser

Nachdem Sie die Zeichnungen betrachtet haben, liebe Leserinnen und Leser, möchten Sie sich zum Abschluß vielleicht noch ein Bild vom Leben des ländlichen Cartoonisten machen, als Dessert gewissermaßen oder Käse. Unter Umständen haben Sie schon eine Vision: Sie sehen den Künstler des Morgens mit Frau und Kind beim Frühstück vor dem reetgedeckten Fachwerkhaus sitzen, um den Tisch picken liebvertraute Hühner die Vollkornbrötchenkrümel auf, und von ferne weht der Glockenklang des Dorfkirchturmes über die mächtigen Strohdächer der ehrwürdigen Bauernhäuser hinweg zum Ohr des Meisters. »Auf, zur Arbeit!« ruft er da, küßt Frau und Kind, wirft sich in seinen Loden, tut die Baskenmütze auf und klemmt sich den Skizzenblock unter den Arm. (Jüngere, städtisch orientierte Leser sehen vielleicht einen independentschwarz gekleideten Schlacks in Doc-Martin-Schuhen, Kunstkenner einen Schlipsträger mit Schlapphut.)

Jedenfalls geht er auf Inspiration: Schweine belauschen, eine alte Haustür skizzieren oder einen 59er Porsche Diesel Export mit Frontlader beobachten, den der Künstler dann nach dem Mittagessen mit Aquarellfarbe aufs Papier treiben wird. Die Bauern grüßen den wunderlichen Gesellen, wie er dort über ihre Zäune steigt oder aus der Hocke prüfend ein fröhlich am rauschenden Bach klapperndes Mühlrad beäugt. Und ist er vorbeigegangen, machen sie mit der schwieligen Hand das Zeichen für »Mattscheibe« vor ihrer Stirn, sprechen: »Ja, ja, unser Witzemaler..!« und zwinkern sich aus wettergegerbten Gesichtern vielsagend zu.

Beim Klang der Abendglocke sitzt der Cartoonist dann auf der Bank vor dem Hause, schmaucht sein Feierabendpfeifchen, und seine sensiblen Künstlerfinger vergewissern sich tastend eines guten Tropfens Flens... Womöglich wird ein kleiner Plausch im Dorfkrug oder eine feuchtfröhliche Gemeinderatssitzung den gelungenen Arbeitstag beschließen. Die untergehende Abendsonne taucht den Meister in ihr rotgoldenes Licht, und kein Hahn kräht mehr danach.

So oder ähnlich haben Sie sich das doch vorgestellt, liebe Leserinnen und Leser, stimmt's? Und doch ist alles so anders, so ganz eigen. Das ländliche Humoristendasein ist ein hartes Brot!

Fangen wir mit den unbedeutenderen Äußerlichkeiten an: Der Loden stimmt, jawohl, ich bekenne mich zu diesem warmen, regendichten und leichten Stoff wie auch zu meinen grobstolligen Schnürstiefeln. (Der jahrelange Spott über meine Dienstkleidung ist vorübergehend verstummt, da solch ein Outfit momentan als witzig und aktuell gilt.)

Gehen wir weiter zum Fachwerkhaus. Wir wohnen zur Miete, zahlen viel Geld für ein fußkaltes und zugiges Haus mit schöner Aussicht. Und es hat ein Reetdach, doch, ein Reetdach wie aus dem Bilderbuch: ausgefranst, bemoost, ein wenig undicht und belastet mit einer wahnsinnig hohen Versicherungsprämie. Diese Reetdachhäuser brennen nämlich innerhalb von zehn Minuten nieder, wenn das Reet mal Feuer fängt. Das können meine Frau und ich aus eigener Erfahrung bestätigen. Seit wir einmal abgebrannt sind, rennen wir bei verdächtigen Knistergeräuschen immer gleich ums Haus, schrek-

Bauernhof im Holsteinischen: Die Heimatidylle blüht...

ken bei ungewohntem Licht aus dem Schlaf und träumen schlecht.

Soviel zum Reetdach.

Hühner haben wir nicht. Dafür aber einen Steinmarder, der nachts bisweilen in der Holzdecke über unseren Köpfen lärmt. Außerdem durchstreifen jede Menge Rehe und knuffelige Kaninchen so gar nicht scheu unseren Garten auf der Suche nach Leckerbissen.

Was unser Dorf angeht: Es ist sehr klein und steht, außer an Sommerwochenenden, wenn sich die Zweitwohnsitze mit Städtern füllen, halb leer. Der einzige landwirtschaftliche Betrieb ist dafür um so größer. Er hat sich auf Saatbau, Futtermittel oder so spezialisiert. Bis auf kolossale Allradschlepper, einen Bulldozer und einen Lkw gibt es für einen Zeichner auf dem Hof nichts zu gucken. Doch — ein paar Hühner für das Frühstücksei und ein Hahn.

...allein in den Sehnsüchten...   *...überforderter Stadtbewohner*

Um so mehr Hühner gibt es in der Legebatterie zwei Kilometer weiter, und Kühe leben in einem anderen Nachbardorf auf einem der übriggebliebenen Bauernhöfe, die wie Inseln in einem Morast von konfektionierten Einfamilienhäusern liegen. Die landwirtschaftlich geprägten Dörfer von früher sind binnen einer Generation gesprengt worden und aufgeplatzt zu einem vorstädtischen Siedlungsbrei, dessen Bewohner auch nicht mehr Ahnung von Ackerbau und Viehzucht haben als ein Finanzbeamter in West-Berlin.

Bauern sind in diesen Pendlergemeinden zu einer exotischen Minderheit geworden, die nichts mehr zu sagen hat. Übrigens heißen die Bauern schon seit den sechziger Jahren »Landwirte«, ihre Erben tragen der Industrie entlehnte Berufsbezeichnungen wie »Agraringenieur«, »Agronom« und ähnlich beeindruckende mit »Agro« vorne.

Trotzdem werden in den nächten Jahren mindestens drei von vier Bauernfamilien ihren Hof aufgeben müssen, zuerst die mit den kleinen Höfen. Ihr Land werden sich die großen Betriebe einverleiben. Die Resthöfe werden an gut verdienende Städter vermakelt (wenn die örtlichen Lehrer abgewinkt haben), im Stil gehobener Landsitze aufgetakelt — Sprosse, Fliese, Kamin — und mit rustikalen Devotionalien aufgefüllt, die marodierende Haushaltsauflöser und Antiquitätenhändler den Altenteilern unter dem sterbenden Hintern weggezogen haben.

Mit etwas Glück kriegt auf diese Weise eine zweihundertjährige Kate, in deren ständig nassen und schimmeligen Wänden Generationen von Leibeigenen und armen Kleinbauern gegen Hunger und Krankheit gekämpft haben, doch noch etwas vom Glamour der »ländlichen Idylle« ab.

Welcher Bauer singt noch die Arie vom »Borstenvieh und Schweinespeck«?

Die gleiche Art von Glamour, die auch Karl Moik und seine original-lustigen Musikanten verbreiten, genauso wie die »Landliebe«-Yoghurt- oder die Country-Wear-Anzeigen, in denen Fotomodelle mit trotzig geschürzten Lippen und hochrasierten Knechtfrisuren vor einem Ackerwagen samt knorrigem Bäuerlein herumlümmeln.
Die ländliche Heimatidylle blüht, wo sie immer geblüht hat: in den Sehnsüchten überforderter Stadtbewohner, in getürkten Fernsehsendungen und in kleinbürgerlichen »Volks«-Liedern. Ich wette, daß kein Landarbeiter jemals freiwillig »Im Märzen der Bauer...« angestimmt hat. Ebensowenig würde heute ein kleiner Schweinebauer, dem die Niedrigpreise industrieller Fleischproduzenten das Wasser abgraben, die Arie »Borstenvieh und Schweinespeck« tremolieren.
»Ja, was ist denn mit den Schweinen?« werden jetzt die Schweinefans in meiner Leserschar ausrufen, »so oft, wie die in den Zeichnungen vorkommen, da müßten doch wenigstens noch viele Schweine auf dem Lande herumlaufen!«

An dieser Stelle muß ich nun gestehen, daß meine gemalten Schweine in Wirklichkeit Menschen sind, äußerlich allerdings leicht verändert. Ich plaziere sie nur aus optischen Gründen auf Wiesen und Hauskoppeln. Richtige Schweine sind so gut wie ausgestorben.
»Und die Currywurst neben meiner Semmel?« werden einige von Ihnen fragen, denn sie haben sagen hören, daß jede Currywurst in ihrem früheren Leben einmal in irgendeiner Form Schwein war, zum Beispiel Ohr. Wo also kommt Ihre Currywurst her? Mit größter Wahrscheinlichkeit war diese Currywurst niemals in ihrem früheren Leben als Schweineohr an der frischen Luft, sondern sie stammt aus einem industriellen Mastbetrieb. Das »Tiermaterial« dafür wird von spezialisierten »Ferkelerzeugern« in Serie produziert. Wie Autos, immer das gleiche Modell. Dieses Hochertragsschwein ist ein »Hybrid«, ein Zuchtbastard mit programmierten Eigenschaften. Denn es darf keinen Ärger machen, wenn es – manchmal zu Tausenden – bei den Mästern »aufgestallt« wird wie die Ölsardine in der

Die alten Anwesen sind stillgelegt, manche verlassen

Dose. Es muß immer schön zunehmen, bis zur Schlachtreife vom Computer mit der optimalen Kraftfutter/Medikamenten-Mischung genudelt. Zweihundert Tage, nachdem das kleine Ferkel zum erstenmal das Licht einer Neonlampe erblickt hat, kommt auch schon der Nordfleisch-Lkw (»Fleisch muß sein, beiß rein!«) und holt es.

Auf Ihrem nächsten Sonntagsausflug können Sie und Ihre Familie ja mal auf langgestreckte Wellblechbaracken mit dicken Entlüftungsschächten achten. Dort findet das moderne Schweineleben statt. Vor allem die Abgase sind es, an denen Sie die Wiege Ihrer Currywurst erkennen: Ein infernalischer Gestank von Fäulnis und Ammoniak wälzt sich aus den swimmingpoolgroßen Betontanks, in denen das Schweinepipi und -aa schwappt. Man fragt sich, ob Vögel derartige Schweinefabriken noch überfliegen können, ohne abzustürzen.

Nach diesen Enthüllungen werden Sie verstehen, daß ein ländlicher Cartoonist, der seine Leser nicht in tiefe Niedergeschlagenheit stürzen will, großräumig auf Motivsuche gehen muß.

Die traditionelle ländliche Kultur hat sich in Reservate zurückgezogen. Nicht nur auf Biobauernhöfe, auch auf die kleinen Anwesen älterer Leute, die schon immer bescheiden und naturnah gewirtschaftet haben. Oder auf die Höfe von Jüngeren, zum Teil Überbleibsel aus der alten Landfreakbewegung, die diese Lebensweise wiederentdeckt haben: billig wohnen, Brennholz selber machen und das gute Gemüse aus dem eigenen Garten essen.

So läßt es sich mit wenig Geld wesentlich angenehmer leben als in einer Stadtwohnung. Aber da werde ich Ihnen ja auch nichts Neues sagen, schließlich hat jeder schon mal vom einfachen Leben auf dem Lande geträumt.

Die größeren Reservate liegen in abgelegenen, vergessenen Gegenden. An der DDR-Grenze beispielsweise, wo noch ganze Dörfer ohne einen Neubau, ja, ohne Alu-Außenjalousien und Sicherheitshaustüren vor sich hin dämmern. Die Bewohner sind aus Geldmangel gezwungen, ihre alten Häuser immer wieder provisorisch zu flicken,

obwohl die meisten »den ganzen Schrott am liebsten zusammenschieben« würden. Keine Unser-Dorf-soll-schöner-werden-Kommission drängelt sie, ihre Gärten mit Zierrasen und Koniferen zu repräsentativen Freiluftwohnzimmern zu machen und mit Jägerzäunen zu bewehren.
Ställe, Mauern, Türen, Zäune bleiben so, wie sie sind: löcherig, schief und langsam und lautlos zerfallend. Die alten bäuerlichen Anwesen sind ausgezehrt, die meisten stillgelegt, manche verlassen.

*Ställe, Mauern, Türen
zerfallen langsam und lautlos*

*Bier und Waschmittel
im dörflichen Gemischtwarenladen*

In den verstaubten Gaststuben der Dorfkrüge steht Gerümpel, und in den letzten Läden warten alte Frauen zwischen zwei Sorten Käse, Dosenwürstchen, Sämereien und Bergen von Polyacrylpullovern auf Kunden. (Merkwürdigerweise sind deren Schaufenster fast immer mit Waschmittelpackungen und Weichspülerflaschen zugestellt.)

Vom Unkraut überwuchert *Robuste ländliche Gestaltungskunst*

Die sterblichen Überreste aus alten Zeiten, als alle Dörfler mehr oder weniger von der Landwirtschaft gelebt haben, wie vergammelte Geräte, verrostete Schilder, werden, soweit sie nicht doch noch in Gebrauch sind, auch nicht weggeräumt. Unkraut überwuchert sie, es wird drumherumgemäht — wenn überhaupt.

Das dörfliche Leben läge im Koma, gäbe es die belächelten »Alternativen«, »Landfreaks«, »Althippies« nicht. Sie haben die faulenden Landstriche besiedelt wie Kleinstlebewesen einen morschen Baumstamm, wuseln dort in Wohnküchen, Werkstätten und Tagungshäusern herum und ziehen eine Menge Kinder groß.

Natürlich fehlt es an Kultur, an Kunsttempeln, an Restaurants, an Künstlercafés. Man kann sich eigentlich nirgendwo richtig sehenlassen. Hochqualifizierten Poseuren und Zynikern ist der Boden entzogen. Und wenn es überhaupt irgendwo mal Publikum gibt, besitzt es garantiert keinen genügend ausgebildeten Geschmack, der doch für die korrekte Bewertung von Statussymbolen unbedingt erforderlich ist.

Wer auf dem Lande Klasse und Stil beweisen will, hängt morgens um sieben sein Federbett aus dem Schlafzimmerfenster und spendet zum Feuerwehrfest einen Kasten Bier. Kollektiver Geldmangel, überschaubare Benimmregeln und wohl auch fehlender Ehrgeiz der Landbewohner lassen keinen Raum für städtisches Lifestyle-Design.

Und darin liegen für mich Schönheit und Reiz der tiefen Provinz: Sie ist designfreier Raum. Ländliche Gestaltungskunst wurde von den kleinen Leuten selber ausgeübt, sie ist einfach, robust und aus Erfahrung gut. Vor allem aber billig.

Diese Grundprinzipien gelten auch da, wo ein bißchen Repräsentation und Schick nun einmal sein müssen, bei einer Haustür etwa.

Reizvolle Landmaschinen-Ästhetik

Selbst der vergebliche Versuch, aus einem alten Bauernhausgiebel mit Hilfe von Kunststoffriemchen, die Mauersteine imitieren, und Panoramafenstern eine Bungalowfront zu machen, wirkt in seiner Hilflosigkeit eher anrührend und sympathisch als abstoßend. Auch wenn es unter ästhetischen Gesichtspunkten vollkommen daneben ist. Unter ästhetischen Gesichtspunkten kann ich eher die Erzeugnisse des ländlichen Mittelstandes betrachten oder landwirtschaftliche Maschinen. So hat für mich der Kühlergrill eines alten Deutz-Trekkers wesentlich mehr Reiz als die ordinären Machofronten aktueller Auto-Modelle.

Der weite ländliche Raum ist – trotz aller Verwüstungen – noch voller Kleinode, die ich gerne zeichnen würde. Dafür schleppe ich meinen Fotoapparat über die einsamen Dörfer (zum Skizzieren vor Ort bin ich zu faul), damit Sie, liebe Leserinnen und Leser, in meinen Cartoons wenigstens was zu gucken haben, auch wenn Sie über den Witz nicht lachen können.

Und vielleicht wird eines fernen Tages dann der Traum des ländlichen Cartoonisten wahr: Irgendwo in tiefster Provinz wird über einem Sofa zum erstenmal eine Zeichnung von mir aufgehängt, gleich neben dem röhrenden Hirsch in Öl.

Sowie ich davon erfahre, eile ich stehenden Fußes mit meiner Frau in die Stadt und lasse Schampus kommen.